TDAH AUTO-ASSISTANCE STRATÉGIES POUR LES FEMMES ÂGÉES

CONSEILS POUR VOUS AIDER À MAINTENIR VOTRE TDAH SOUS CONTRÔLE EN TANT QUE FEMME PLUS ÂGÉE

STELLA O. MAURICE

TABLE DES MATIÈRES

INTRODUCTION

J'avais 53 ans lorsque mon consultant m'a informé que je souffrais de TDAH. Je n'avais jamais entendu parler de cette maladie, cependant, je me sentais mieux en entendant que c'était quelque chose que je pouvais endurer. Avant la découverte de mon état, j'avais lutté contre un manque de prudence, de l'anxiété et des problèmes de concentration et d'association. J'étais continuellement en retard et j'avais du mal à rester concentré.

Mon TDAH est essentiel pour moi. c'est dans mon sang et cela se communique dans chaque partie de ma vie. Avec la prescription et la pratique, j'ai pris des mesures extraordinaires pour contrôler mes symptômes. Je suis maintenant convaincue que mon TDAH aurait pu ajouter à mes batailles auparavant, mais pas entièrement gravé dans le marbre pour continuer une vie heureuse et utile en tant que femme plus expérimentée atteinte de TDAH.

Mon TDAH m'a poussé à accomplir des choses plus importantes que je n'aurais jamais cru pouvoir accomplir et mon TDAH m'a poussé à écrire ce livre pour partager mes combats et comment j'ai vécu avec.

Les adultes atteints du trouble déficitaire de l'attention avec hyperactivité (TDAH), anciennement connu sous le nom de TDA, peuvent faire face à des difficultés dans toutes les facettes de la vie, qu'il s'agisse de rester organisés à la maison ou de réaliser leur plein potentiel au travail. Cela peut être dur pour votre santé ainsi que pour vos relations au travail et à la maison. Une procrastination extrême, des difficultés à respecter les délais et un comportement impulsif peuvent résulter de vos symptômes. Vous pourriez aussi penser que vos proches ne savent pas ce que vous vivez.

Heureusement, vous pouvez acquérir des compétences qui peuvent vous aider à contrôler vos symptômes de TDAH. Vous pouvez développer des stratégies qui vous permettent de travailler plus efficacement, de devenir plus organisé et d'interagir plus efficacement avec les autres. Vous pouvez également apprendre à reconnaître et à utiliser vos points forts. Toutefois, le changement ne se produira pas du jour au lendemain. De la pratique, de la patience et, peut-être plus important encore, une attitude positive sont nécessaires pour ces stratégies d'auto-assistance pour le TDAH.

CHAPITRE UN

QU'EST-CE QUE LE TDAH ?

Le TDAH, trouble déficitaire de l'attention avec hyperactivité, également appelé trouble déficitaire de l'attention (TDA), est une maladie grave qui comprend l'impulsivité, l'hyperactivité et la difficulté à prêter attention. Les personnes atteintes d'un trouble déficitaire de l'attention avec hyperactivité (TDAH) se comportent différemment. Les personnes atteintes de TDAH peuvent présenter de l'agitation, des difficultés de concentration et un comportement impulsif.

Le TDAH peut commencer dès l'enfance et durer jusqu'à l'âge adulte. Cela pourrait être un facteur de faible estime de soi, de relations difficiles et de difficultés au travail ou à l'école. La majorité des cas surviennent chez des enfants âgés de 3 à 7 ans, même s'ils peuvent être découverts plus tard.

Parfois, les personnes atteintes de TDAH ne savent pas qu'elles en sont atteintes lorsqu'elles sont jeunes, alors elles ne découvrent qu'elles en sont atteintes qu'en vieillissant. Bien que de nombreux adultes ayant reçu un diagnostic de TDAH à un jeune âge continuent d'éprouver des difficultés, leur état s'améliore généralement avec l'âge.

Des problèmes supplémentaires, tels que des troubles du sommeil et de l'anxiété, peuvent également être présents chez les personnes atteintes de TDAH.

Types de TDAH

Les trois types de TDAH les plus courants sont :

1. TDAH inattentif et distrait: L'inattention et la distraction sont les principales caractéristiques de ce type de TDAH. Les personnes qui présentent fréquemment un comportement inattentionnel :

• Les détails manqués sont souvent facilement distraits,

• S'ennuyer rapidement,

• Vous avez du mal à vous concentrer sur une seule tâche,

• ont du mal à organiser leurs pensées et à apprendre de nouvelles informations,

• Perdre des crayons, des papiers ou d'autres objets nécessaires à l'accomplissement d'une tâche,

• Sembler rêver plutôt que d'écouter,

• Déplacez-vous lentement et traitez les informations plus lentement et avec moins de précision que les autres,

• Vous avez de la difficulté à suivre les instructions.

Le TDAH de type inattentif touche plus de filles que de garçons.

2. TDAH hyperactif/impulsif. Ce type de TDAH, qui est le moins courant, se caractérise par un comportement impulsif et hyperactif sans inattention ni capacité à se laisser distraire. Individus fréquemment impulsifs ou hyperactifs :

• Se tortiller, s'agiter ou se sentir agité ;

• Vous avez du mal à rester assis;

• Parlez constamment;

• Toucher et jouer avec des objets, même lorsqu'ils ne conviennent pas à la tâche à accomplir ;

• Vous avez de la difficulté à participer à des activités calmes ;

• Sont toujours « en déplacement » ;

• Sont impatients ;

• Agir à contretemps et ne pas penser aux conséquences de leurs actes ;

• Laisser échapper des réponses et des commentaires inappropriés.

3. TDAH, type combiné : Outre l'inattention et la distraction, cette forme de TDAH, la plus répandue, se caractérise par des comportements impulsifs et hyperactifs. Si vous présentez des symptômes qui ne sont pas uniquement liés à l'inattention ou à l'hyperactivité-impulsivité, vous avez le type combiné. Au lieu de cela, les symptômes des deux catégories sont affichés en combinaison.

La majorité des personnes, qu'elles soient atteintes de TDAH ou non, présentent un certain degré de comportement impulsif ou intentionnel. Cependant, il est plus grave chez les personnes souffrant de TDAH. Ce comportement est plus fréquent et affecte votre capacité à fonctionner à la maison, au travail et dans les milieux sociaux.

Adultes atteints de TDAH

Le TDAH peut persister jusqu'à l'âge adulte. Même s'ils n'ont pas été diagnostiqués, certains adultes souffrent de TDAH. Les symptômes peuvent rendre difficile le maintien des relations, du travail ou les deux. À un âge plus avancé, les symptômes peuvent apparaître différemment, comme une agitation extrême ou une hyperactivité. Lorsque les responsabilités des adultes deviennent plus exigeantes, les symptômes peuvent devenir plus graves.

TDAH CHEZ LES FEMMES

Les femmes qui souffrent d'un trouble déficitaire de l'attention/hyperactivité (TDAH) ne sont souvent pas diagnostiquées. Cette lacune dans le diagnostic peut être attribuée en partie au fait que l'on pensait autrefois que cette maladie affectait principalement les hommes, mais aussi au fait que les femmes présentent généralement des symptômes moins évidents ou moins perturbateurs dans les interactions sociales que les hommes.

Étant donné que les femmes et les filles présentent généralement des symptômes distincts de ceux des hommes et des garçons, le TDAH est souvent mal diagnostiqué. Il existe trois types de TDAH : soit l'inattention, l'impulsivité ou une combinaison des deux. Les hommes et les garçons sont plus susceptibles de souffrir de TDAH hyperactif/impulsif, ce qui peut les rendre agités, constamment en mouvement, perturbateurs, agités, bavards, impulsifs, impatients et maussades.

Les femmes, en revanche, présentent généralement un TDAH inattentif, ce qui rend difficile la concentration, l'attention aux détails, le maintien de l'organisation, l'écoute et la mémorisation des informations.

Les filles atteintes de TDAH ont souvent des traits de personnalité plutôt que des symptômes de la maladie. Une fille peut être décrite comme spatiale, oublieuse ou bavarde, par exemple. Une femme peut demander un traitement pour ses symptômes plus tard dans sa vie, pour ensuite recevoir un diagnostic de dépression ou d'anxiété.

Les enseignants et les parents peuvent négliger les filles atteintes de TDAH, car ils peuvent également se concentrer sur des choses qui les intéressent. La majorité des femmes atteintes de TDAH reçoivent un diagnostic précis dans la trentaine ou la quarantaine.

Les femmes atteintes de TDAH sont fréquemment confrontées à des problèmes concomitants tels qu'une suralimentation compulsive, un manque chronique de sommeil ou une consommation excessive d'alcool.

CHAPITRE DEUX

SYMPTÔMES DU TDAH CHEZ LES FEMMES.

Bien que les femmes aient tendance à recevoir un diagnostic de TDAH plus tard que les hommes, il est généralement admis que le TDAH est plus répandu chez les hommes. Contrairement à l'impulsivité et à l'hyperactivité, les femmes et les filles présentent généralement davantage de symptômes d'inattention. De plus, ils sont plus susceptibles de présenter des symptômes internes plutôt qu'externes. Les filles sont souvent capables de développer des mécanismes d'adaptation qui masquent leurs symptômes de TDAH, en particulier lorsqu'elles sont plus jeunes. En effet, les symptômes des filles sont moins perturbateurs et ne correspondent pas au stéréotype du TDAH. Au lieu de recevoir un diagnostic précis de TDAH, on leur diagnostique fréquemment d'autres pathologies, telles que l'anxiété ou la dépression (qui sont toutes deux des pathologies fréquemment concomitantes chez les filles et les femmes atteintes de TDAH).

Dans les milieux éducatifs structurés comme le lycée, le collège ou l'université, les symptômes d'inattention peuvent devenir plus évidents chez les femmes atteintes de TDAH qui n'ont été diagnostiquées que plus tard dans leur vie. Dans ces contextes, il peut être plus difficile de s'en tenir aux mécanismes d'adaptation utilisés pour gérer les symptômes dans les classes plus jeunes.

Les femmes atteintes de TDAH présentent généralement des symptômes intériorisés et inattentifs. Certains des symptômes comprennent :

• Difficulté à se concentrer sur de longues tâches ou à s'engager dans des activités qui nécessitent un effort mental soutenu (comme préparer des rapports, remplir des formulaires, réviser de longs documents, etc.) et faire des erreurs « d'inattention »

• Égarer fréquemment des objets courants tels que des clés, des portefeuilles, des téléphones, etc.

• Difficulté à élaborer des plans réalistes et gérables

• Difficulté à prendre des décisions

• Procrastiner ou faire les choses à la dernière minute

• Difficulté à réguler ses émotions, surtout en cas de stress

Symptômes hyperactifs/impulsifs sont moins courants que les inattentifs. Oubli dans les activités quotidiennes comme payer des factures, respecter des délais, se rendre à des rendez-vous programmés ou retourner des appels. Lorsque ces symptômes persistent, ils deviennent souvent plus « internes ». Les femmes adultes peuvent présenter les symptômes hyperactifs/impulsifs suivants :

• Avoir du mal à rester immobile ou agité (s'agiter, taper des mains ou des pieds, se tortiller sur son siège, se lever, etc.)

• Discussion excessive ou difficulté à garder le silence pendant les activités de loisirs ;

• Répondre aux questions avant qu'elles ne soient terminées ; interférer avec ou déranger autrui ;

• Avoir de la difficulté à attendre son tour ou à faire la queue, entre autres.

Les femmes atteintes de TDAH peuvent être plus susceptibles que les femmes sans TDAH de :

• Avoir l'impression de ne pas avoir de contrôle sur les choses ;

• Vous avez de la difficulté à concilier travail et vie familiale ;

• Ressentez des symptômes physiques comme des maux de tête, des maux d'estomac et/ou des troubles du sommeil ;

• Vous avez de la difficulté à communiquer avec les autres; et

• Souffrez de problèmes concomitants comme la dépression et l'anxiété.

QUELLES SONT LES CAUSES DU TDAH?

Bien que la cause exacte du TDAH soit inconnue, il a été démontré qu'il est héréditaire. Il existe des preuves suggérant que le TDAH est héréditaire. Il s'agit d'une condition biologique affectant le cerveau.

De plus, l'étude a identifié de nombreuses différences possibles entre les personnes atteintes de TDAH et celles qui n'en sont pas atteintes. Les enfants atteints de TDAH ont de faibles niveaux d'une substance chimique cérébrale appelée dopamine, qui est également un type de substance chimique cérébrale appelée neurotransmetteur. Utilisation de scanners TEP pour les études d'imagerie cérébrale (tomographie par émission de positons) ; les enfants atteints de TDAH ont un métabolisme cérébral plus faible dans les zones du cerveau qui contrôlent l'attention, le jugement social et le mouvement (une forme d'imagerie cérébrale qui vous permet de voir le cerveau humain au travail).

D'autres facteurs qui pourraient jouer un rôle dans le TDAH comprennent :

• Être né prématurément (avant la 37ème semaine de grossesse),

• Avoir un faible poids à la naissance,

• Abuser d'alcool ou de drogues pendant la grossesse, ou

Avoir une lésion cérébrale.

• Être exposé à des risques environnementaux (comme le plomb) pendant la grossesse ou à un jeune âge.

Bien qu'il soit plus fréquent chez les personnes ayant des difficultés d'apprentissage, le TDAH peut toucher des personnes de toutes capacités intellectuelles.

CHAPITRE TROIS

Autres conditions similaires au TDAH

Certains traitements ou conditions médicales peuvent provoquer les mêmes signes et symptômes que le TDAH. Certains exemples sont:

• Troubles de santé mentale, tels que dépression, anxiété, problèmes de comportement, problèmes d'apprentissage et de langage, et autres troubles psychiatriques

• Les troubles du développement, les troubles épileptiques, les problèmes de thyroïde, les troubles du sommeil, les lésions cérébrales et l'hypoglycémie (hypoglycémie) sont des exemples de problèmes médicaux pouvant affecter la pensée ou le comportement.

• Dépendance à l'alcool ou à une autre substance, ainsi qu'à certains médicaments et drogues.

TDAH et trouble bipolaire

Le diagnostic différentiel le plus difficile pour les spécialistes est celui du trouble bipolaire et du TDAH. Puisqu'elles partagent divers symptômes, il peut très bien être difficile de différencier ces deux affections, notamment :

sautes d'humeur, irritations et explosions, nervosité, bavardage et empressement. Le TDAH est essentiellement décrit par l'agitation physique, la négligence et la distraction qui sont également des symptômes du trouble bipolaire, qui provoquent des changements plus extrêmes d'humeur, d'énergie, de raisonnement et de comportement.

Alors que le TDAH influence l'attention ou la conscience et le comportement, le trouble bipolaire est fondamentalement un trouble du tempérament.

Contrastes entre le TDAH et le trouble bipolaire : Il existe divers contrastes discrets qui pourraient passer inaperçus. Le trouble bipolaire apparaît régulièrement à la fin de la puberté ou au début de l'âge adulte, même si quelques cas peuvent être examinés auparavant. Le TDAH apparaît généralement d'abord chez les mineurs.

Alors que les symptômes du trouble bipolaire sont normalement concis, ceux du TDAH sont cohérents. Les symptômes du trouble bipolaire peuvent ne pas apparaître entre les épisodes de manie ou de dépression.

L'évolution d'une action à la suivante, par exemple, peut être difficile pour les jeunes atteints de TDAH. La discipline et la lutte avec les figures d'autorité influencent normalement les enfants atteints de trouble bipolaire.

Après une période évocatrice, la dépression, la mauvaise humeur et le déclin ou la perte de mémoire sont normaux chez les personnes atteintes de trouble bipolaire et, étonnamment, chez les personnes atteintes de TDAH. Quoi qu'il en soit, les symptômes d'attention, de conscience et de concentration éclipsent ces effets secondaires.

Humeur

Une personne atteinte de TDAH peut être confrontée à des épisodes émotionnels inattendus qui peuvent disparaître rapidement – fréquemment en 20 à 30 minutes. Le trouble bipolaire provoque des sautes de tempérament qui durent plus longtemps.

Un épisode de dépression important doit durer quatorze jours pour être déterminé comme étant atteint d'un trouble bipolaire, tandis qu'un épisode maniaque doit durer au moins une semaine et présenter des symptômes essentiellement constants. En supposant que les symptômes deviennent si extrêmes qu'une hospitalisation soit nécessaire, la durée pourrait être plus limitée.

Les épisodes hyper moins graves, ou épisodes hypomaniaques, durent normalement quelques jours.

Lors des épisodes d'hyperactivité, les personnes atteintes de trouble bipolaire semblent présenter des signes de TDAH tels que l'anxiété, des difficultés de sommeil et une hyperactivité.

Au cours des épisodes dépressifs, des symptômes tels que le trouble déficitaire de l'attention avec hyperactivité (TDAH) peuvent également apparaître. Quoi qu'il en soit, les personnes atteintes de trouble bipolaire peuvent avoir des difficultés à dormir ou dormir de manière déraisonnable. L'hyperactivité et les perturbations peuvent causer des problèmes de sommeil comparables chez les personnes atteintes de TDAH, mais elles sont plus fréquentes chez les personnes atteintes de trouble bipolaire.

Les enfants atteints de TDAH se réveillent normalement rapidement et deviennent actifs immédiatement. Même s'ils peuvent avoir du mal à dormir, ils restent régulièrement endormis toute la soirée sans avoir peur.

Conduite et comportement

Généralement, la mauvaise conduite chez les enfants atteints de TDAH et de trouble bipolaire est involontaire. La négligence, mais aussi un épisode maniaque, peut conduire à ignorer les figures d'autorité, à se heurter à des objets et à faire des épaves.

Il est possible que les enfants atteints de trouble bipolaire agissent de manière imprudente. Ils pourraient participer à des projets qu'ils ne sont pas aptes à terminer à leur âge et à leur niveau de formation, en faisant preuve de raisonnement pompeux. La différenciation entre TDAH et trouble bipolaire doit être faite avec précision par un spécialiste de la santé mentale.

En supposant que vous ou votre enfant souffrez de trouble bipolaire, le traitement essentiel comprend généralement les éléments suivants :

• Prescriptions de psychostimulants et d'antidépresseurs

• Thérapie personnelle, associative ou de groupe

• Éducation et assistance ou soutien personnalisés

Il est normal que les prescriptions soient incorporées ou souvent modifiées afin de continuer à faire une différence positive.

AUTISME

Les enfants atteints de troubles autistiques peuvent avoir des difficultés avec les coopérations ou interactions sociales et se présentent souvent comme séparés de leurs éléments environnementaux. Les enfants autistes peuvent parfois être actifs d'une manière qui ressemble à l'hyperactivité et aux problèmes de développement social des enfants atteints de TDAH.

L'immaturité émotionnelle et subjective est un autre comportement qui peut être lié au TDAH.

Les capacités interactives et la capacité d'apprentissage peuvent être restreintes chez les enfants atteints de deux circonstances (autisme et TDAH), ce qui peut causer des problèmes à l'école et à la maison.

Faibles niveaux de glucose/faible taux de sucre dans le sang

Un faible taux de glucose, également appelé hypoglycémie, peut également apparaître comme un signe de TDAH.

Les personnes souffrant d'hypoglycémie peuvent ressentir : Une agression typique ou une hyperactivité d'invasion, une incapacité à rester immobile et une inattention.

Trouble du traitement réceptif

Également connu sous le nom de trouble du traitement sensoriel (SPD), il peut provoquer des effets secondaires similaires à ceux du trouble déficitaire de l'attention avec hyperactivité (TDAH). Le SPD est caractérisé par la sensibilité. Les personnes atteintes de SPD, par exemple, peuvent être sensibles à un tissu particulier. Cela pourrait être dû à l'effet du SPD sur le toucher, le mouvement, la position du corps, le goût et l'odorat. Ils peuvent bouger beaucoup, être sujets à des accidents ou avoir du mal à prêter attention, surtout s'ils se sentent dépassés.

Difficulté à dormir

Les personnes atteintes de TDAH peuvent avoir des difficultés à se détendre et à s'endormir. Néanmoins, les personnes ayant des difficultés de sommeil peuvent ne pas souffrir de TDAH, mais en donner des indications au cours de la journée.

L'absence de sommeil crée des problèmes de concentration, de relation, de diffusion et de suivi des recommandations. De plus, cela diminue la mémoire transitoire.

Complication auditive

Il peut être difficile de diagnostiquer des problèmes d'audition chez les jeunes enfants qui ne peuvent pas exprimer complètement leurs pensées. Puisqu'ils n'entendent pas comme prévu, les enfants ayant des problèmes d'audition ont des difficultés à se concentrer.

L'incapacité de l'enfant à suivre les conversations peut sembler être causée par un manque de concentration. Les enfants presque sourds peuvent également éprouver des difficultés à se connecter avec les autres et à communiquer de manière inadéquate.

CHAPITRE QUATRE

Treize mythes sur le TDAH

L'une des interprétations erronées les plus répandues à propos du TDAH est qu'il s'agit d'une étiquette mentale désignant un assortiment caractéristique de façons de se comporter. C'est peut-être la notion la plus néfaste du TDAH. Le TDAH est le plus souvent possible mal évalué. Indépendamment de ce que dit l'écriture mentale, certaines personnes acceptent que le TDAH n'est pas un véritable problème, loin de là. D'autres acceptent que le TDAH influence uniquement les jeunes hommes ou se produit uniquement chez les jeunes. Ces fantasmes peuvent avoir un impact néfaste puisqu'ils peuvent empêcher les adultes atteints de TDAH d'être analysés et traités.

Plusieurs idées fausses répandues sur le TDAH comprennent :

Mythe 1 : Mon TDAH ne peut être résolu que par des médicaments.

Réalité: Bien que les médicaments puissent aider certaines personnes à gérer leurs symptômes de TDAH, ils ne constituent ni un remède ni la seule option. Si jamais il est utilisé, il doit être utilisé en conjonction avec d'autres traitements ou méthodes d'auto-assistance.

Mythe 2 : Je suis paresseux ou irréfléchi parce que je souffre de TDAH et je ne peux donc pas m'en empêcher.

Réalité: Vous et d'autres avez peut-être été étiquetés de cette façon en raison des effets du TDAH, mais la vérité est que vous ne manquez pas de motivation ou d'intelligence ; vous souffrez plutôt d'un trouble qui vous empêche d'effectuer certaines activités normales. Les adultes atteints de TDAH doivent souvent compenser ingénieusement leur état. Ils trouvent un moyen intelligent de compenser leur état. Accuser une personne atteinte de TDAH d'être paresseuse est nocif et peut entraîner un sentiment de honte et une réticence à se faire soigner.

Mythe 3 : Tous mes problèmes de TDAH peuvent être résolus par un professionnel de la santé.

Réalité: Bien que les professionnels de la santé puissent vous aider à gérer les symptômes du TDAH, leurs efforts sont limités. Parce que c'est vous qui faites face aux problèmes, vous avez la plus grande influence sur leur résolution.

Mythe 4 : Je souffrirai toujours des symptômes du TDAH car c'est une condamnation à perpétuité.

Réalité: Bien qu'il n'existe aucun traitement pour le TDAH, vous pouvez faire de nombreuses choses pour réduire le nombre de problèmes qu'il provoque. Il est possible que la gestion de vos symptômes devienne une seconde nature pour vous une fois que vous vous serez habitué à utiliser des méthodes d'auto-assistance.

Certaines personnes croient également qu'il existe une fenêtre d'opportunité pour traiter le TDAH pendant l'enfance et que si cette fenêtre n'est pas respectée, la personne atteinte de TDAH continuera à souffrir jusqu'à l'âge adulte. Cette croyance suppose que le TDAH chez l'adulte ne peut pas être traité. Même si le TDAH doit être diagnostiqué tôt, il peut être traité chez l'adulte.

Mythe 5 : Le TDAH est simplement une maladie qui affecte les enfants

Réalité: Certaines personnes croient que le TDAH n'existe pas en dehors de l'enfance car il est fréquemment diagnostiqué et traité pendant l'enfance. L'idée selon laquelle les personnes atteintes du TDAH grandissent est un autre aspect de cette idée fausse ; que les adultes n'en souffrent pas.

Les adultes atteints de TDAH sont injustement désavantagés par l'idée fausse selon laquelle le TDAH ne touche que les enfants. Le TDAH est un trouble psychiatrique reconnu par les professionnels et peut toucher aussi bien les enfants que les adultes.

Mythe 6 : Le TDAH ne touche que les garçons.

Réalité: Même si les hommes et les femmes présentent des manifestations distinctes du TDAH, les filles et les femmes sont plus fréquemment diagnostiquées avec un TDAH inattentif, cette condition étant présente chez les deux sexes. Les garçons sont plus susceptibles de présenter les symptômes moins évidents du TDAH hyperactif, d'où probablement l'origine de ce mythe.

Le TDAH chez les filles persiste fréquemment et évolue vers le TDAH adulte chez la femme en raison de son sous-diagnostic.

Mythe 7 : Le TDAH est causé par de mauvais parents

Réalité: La croyance infondée selon laquelle les enfants atteints de TDAH bénéficieraient de plus d'attention, comme n'importe quel enfant, est à la base du mythe selon lequel une mauvaise parentalité est responsable du TDAH. De plus, cette idée fausse affirme que le TDAH d'un enfant est provoqué par un manque de discipline. Connu comme un trouble mental pouvant être diagnostiqué, le TDAH affecte le cerveau. Une mauvaise parentalité ne contribue pas à l'apparition du TDAH, même si elle influence le développement de tout enfant.

Mythe 8 : Toute personne atteinte de TDAH est hyperactive.

Réalité: Même si l'affirmation selon laquelle tous les adultes atteints de TDAH sont hyperactifs passe à côté d'une partie importante de la population atteinte de TDAH, l'hyperactivité est un symptôme distinct du TDAH hyperactif et combiné. La majorité des adultes atteints de TDAH présentent un large éventail de symptômes, notamment l'hyperactivité. De plus, l'hyperactivité est plus fréquente chez les enfants et plus fréquente chez les hommes que chez les femmes.

Les personnes qui ne souffrent pas d'hyperactivité dans le cadre de leur TDAH adulte sont moins susceptibles d'être touchées.

Mythe 9 : Tout le monde souffre de TDAH

Réalité: Bien que de nombreuses personnes présentent de temps à autre certains des symptômes du TDAH, rares sont celles qui en souffrent. Bien que tout le monde souffre parfois d'oubli, le TDAH chez l'adulte est très différent de cela.

Mythe 10 : Le TDAH chez l'adulte n'est pas un problème grave.

Réalité: L'idée fausse selon laquelle tout le monde souffre d'une forme ou d'une autre de TDAH va de pair avec ce mythe. Le TDAH chez l'adulte peut avoir un impact significatif sur la vie d'une personne. Des problèmes relationnels, de mauvaises performances au travail et des comportements imprudents, voire dangereux, sont autant de conséquences possibles.

Il a été démontré dans certaines études que le TDAH non traité réduit l'espérance de vie jusqu'à 13 ans. Il est préférable d'obtenir un diagnostic médical et un traitement le plus rapidement possible si vous ou un proche soupçonnez que vous souffrez de TDAH.

Mythe 11 : Il n'y a rien de mal à donner vos médicaments contre le TDAH

Réalité: Même si les mêmes médicaments contre le TDAH sont prescrits à plusieurs personnes, cela ne signifie pas qu'il est acceptable de les partager. Il existe de nombreux arguments contre le partage des médicaments. Du diagnostic au traitement, les cliniciens examinent chaque patient individuellement. L'individu et son TDAH adulte sont au centre de chaque plan de médicaments.

Il est dangereux de partager des médicaments et des diagnostics avec d'autres personnes. De plus, prendre les médicaments de quelqu'un d'autre peut être risqué.

Les médicaments contre le TDAH ne doivent jamais être partagés pour des raisons de sécurité.

Mythe 12 : Le TDAH est un trouble d'apprentissage

Réalité: Le TDAH n'est pas un trouble d'apprentissage mais plutôt un trouble neurodéveloppemental. Étant donné que le TDAH peut rendre l'apprentissage difficile dans le cadre scolaire ou universitaire typique, il s'agit d'une idée fausse courante. Les élèves atteints de TDAH qui fréquentent l'école primaire peuvent être réprimandés parce qu'ils s'agitent, rêvent ou parlent de manière déplacée. Les étudiants atteints de TDAH qui fréquentent l'université peuvent avoir du mal à terminer les devoirs qu'ils trouvent fastidieux ou à rester suffisamment organisés pour suivre leurs cours.

Mythe 13 : Le sucre est la véritable cause du TDAH

Réalité: Le TDAH n'est pas causé par les aliments hautement transformés ou le sucre. Cependant, les symptômes du TDAH sont affectés. Selon une étude, les enfants atteints de TDAH consommaient plus de sucre que les enfants sans TDAH.

Même si l'impact du sucre sur le TDAH n'est pas clair, plusieurs facteurs suggèrent de limiter la consommation de sucre en général.

Même si nous ne souffrons pas de TDAH, manger trop de sucre fait planter notre cerveau. Les niveaux élevés de sucre et les cycles d'accidents sont mauvais pour gérer les symptômes, en particulier chez les personnes atteintes de TDAH.

CHAPITRE CINQ

DIAGNOSTIC DU TDAH CHEZ LES FEMMES

Le processus permettant de déterminer si un enfant souffre de TDAH comprend plusieurs étapes. Un seul test ne peut pas être utilisé pour diagnostiquer le TDAH, car plusieurs autres conditions, notamment l'anxiété, la dépression, les problèmes de sommeil et certains troubles d'apprentissage, peuvent partager des symptômes similaires avec le TDAH. Un examen médical, comprenant des tests auditifs et visuels, est une étape du processus permettant d'exclure d'autres affections provoquant des symptômes comme le TDAH. Une liste de contrôle pour évaluer les symptômes du TDAH et des entretiens avec les parents de l'enfant, les enseignants et parfois l'enfant lui-même font généralement partie du processus de diagnostic du TDAH.

La majorité des femmes atteintes de TDAH reçoivent un diagnostic précis dans la trentaine ou la quarantaine. Ce diagnostic tardif pourrait être dû à plusieurs facteurs, selon les experts.

Parce qu'ils ne sont pas évidents, les parents, les enseignants ou les pédiatres peuvent ne pas remarquer les symptômes et les comportements du TDAH chez les jeunes filles. Il est également possible que les médecins confondent le TDAH avec d'autres troubles de l'humeur comme l'anxiété ou la dépression chez les filles et les jeunes femmes. Les femmes peuvent également ressentir des symptômes de TDAH plus tard dans la vie, selon certaines recherches récentes.

Pour un type donné de TDAH, une personne doit présenter au moins six des neuf symptômes majeurs. Vous devez présenter au moins six signes d'inattention et d'hyperactivité-impulsivité pour recevoir un diagnostic de TDAH combiné. Depuis au moins six mois, les comportements doivent être présents et perturber la vie quotidienne.

Une personne doit non seulement présenter un schéma d'inattention, d'hyperactivité ou les deux, mais également des symptômes avant l'âge de 12 ans. De plus, ils doivent être présents dans plusieurs contextes, comme à la maison et à l'école.

Les symptômes doivent également gêner les activités quotidiennes. De plus, aucune autre maladie mentale ne peut expliquer ces symptômes.

Un type de TDAH peut être identifié lors du diagnostic initial. Cependant, les symptômes peuvent se développer avec le temps. Les adultes doivent le savoir car ils pourraient avoir besoin d'être réévalués.

Le diagnostic consiste en :

• Collectes d'informations, telles que vous poser des questions sur tout problème médical actuel, vos antécédents médicaux personnels et familiaux et l'historique de vos symptômes.

• Des échelles d'évaluation du TDAH ou des tests psychologiques pour recueillir et évaluer des informations sur vos symptômes.

• Examen physique pour aider à exclure d'autres causes possibles de vos symptômes.

CHAPITRE VI

PRISE EN CHARGE DES ADULTES AVEC TDAH

Le trouble déficitaire de l'attention avec hyperactivité (TDAH) touche aussi bien les adultes que les enfants ; Le TDAH touche environ 4 % des adultes aux États-Unis. Les adultes atteints de TDAH peuvent avoir souffert de ce trouble lorsqu'ils étaient enfants et n'avoir pas été diagnostiqués, ou leurs symptômes peuvent s'être aggravés avec le temps.

Les adultes atteints de TDAH peuvent présenter des symptômes moins évidents que ceux des enfants. Les adultes atteints de TDAH peuvent présenter de l'agitation, de l'impulsivité et des difficultés à prêter attention comme principaux symptômes. Les adultes atteints de TDAH peuvent avoir des difficultés à se concentrer, à se souvenir des instructions et des informations, à classer les tâches par ordre d'importance et à terminer leur travail à temps.

Ces symptômes peuvent se manifester de diverses manières, comme une procrastination persistante, une mauvaise gestion du temps, des sautes d'humeur et une faible estime de soi. Ils peuvent également causer des problèmes au travail, à l'école et dans les relations.

Gérer le TDAH

Heureusement, il existe de nombreuses options pour gérer le TDAH, telles que les médicaments, la thérapie et les approches comportementales.

Médicament

Le TDAH peut être grandement géré grâce à l'utilisation de médicaments. Durant sa phase active, le médicament s'attaque aux symptômes fondamentaux du TDAH chez l'adulte. Il existe de nombreux médicaments différents pour le TDAH, donc trouver celui qui vous convient le mieux peut nécessiter quelques essais et erreurs.

Les médicaments contre le TDAH peuvent être assez coûteux. Heureusement, de nombreuses entreprises proposent des programmes d'épargne aux patients pour les médicaments de marque. Les patients peuvent économiser de l'argent sur les ordonnances grâce à ces programmes. Vous recevrez un code à partager avec votre pharmacien lors de votre inscription à ces programmes.

Vous pouvez trouver des programmes permettant d'économiser des patients pour vos médicaments sur Internet pour en savoir plus. Vous pouvez également vous renseigner sur les médicaments génériques, qui sont nettement moins chers, ou demander à votre médecin s'il dispose de cartes de programme d'épargne patient.

Conseil et psychothérapie

Lorsque les médicaments aident à gérer les principaux symptômes du TDAH, le conseil et la psychothérapie, comme la thérapie cognitivo-comportementale (TCC), aident à résoudre les difficultés de la vie quotidienne.

Des stratégies et des capacités de gestion du temps, d'organisation et de planification sont fréquemment fournies dans le cadre du conseil. Si vous êtes un adulte atteint de TDAH, travailler avec un professionnel de la santé mentale peut vous aider à développer des stratégies individuelles pour gérer ses symptômes.

Les thérapies pour le TDAH abordent un large éventail de problèmes. Quelques avantages de la psychothérapie pour les adultes atteints de TDAH :

• Développez-vous en utilisant votre temps et vos capacités hiérarchiques de manière productive

• Découvrez comment freiner votre impulsivité.

• Favoriser de meilleures capacités de pensée critique

• S'adapter aux déceptions intellectuelles, professionnelles ou sociales passées

• Travaillez sur votre confiance

• Apprenez des moyens de développer davantage les associations avec votre famille, vos collègues et vos compagnons.

• Favoriser les méthodologies pour rester calme

Les traitements du TDAH abordent un large éventail de problèmes, tels que la confiance, les liens relationnels et familiaux, le bien-être, la propension, les sentiments d'anxiété et la gestion. Certains traitements qui pourraient être utiles sont :

A. THÉRAPIE COGNITIVE-COMPORTEMENTALE (TCC) : Se concentre sur la distinction et la modification des considérations et des manières de se comporter dangereuses ou inadaptées (négatives). Peut aborder l'autorégulation profonde des émotions, le contrôle de la motivation et la gestion du stress. Peut fréquemment être ajusté pour traiter des circonstances coïncidentes avec le TDAH. Les programmes de TCC développés spécifiquement pour les adultes atteints de TDAH sont accessibles.

B. Psychothérapie neurocognitive: La psychothérapie basée sur la neurocognition combine des parties de la TCC et de la restauration mentale pour aider à créer des capacités de gestion de vie afin de travailler sur les capacités mentales, d'apprendre des procédures compensatoires et de reconstruire le climat.

C. Thérapie comportementale dialectique (TCD) : La thérapie comportementale dialectique utilise des procédures telles que la reconnaissance révolutionnaire, les soins et les directives émotionnelles, pour aider les individus à comprendre et à se détacher des processus de pensée et des réponses du TDAH.

Méthodes comportementales pour gérer le TDAH chez l'adulte

Être atteint de TDAH peut rendre difficile le suivi du travail et des relations, le contrôle du désordre et même le paiement des factures. Il existe de nombreuses stratégies que vous pouvez utiliser pour vous sentir en contrôle de votre vie, en plus de discuter de la gestion du TDAH avec votre médecin.

Vous devrez déployer des efforts dans ces stratégies, et il sera crucial pour vous de choisir celles qui conviennent le mieux à votre vie. Pour que ces stratégies soient les plus efficaces, vous devrez vous engager à en faire une habitude, mais cela en vaudra la peine pour améliorer votre qualité de vie.

A. S'organiser

Pour les personnes atteintes de TDAH, maintenir l'ordre à la maison et au travail peut constituer un défi de taille. Dans la gestion du TDAH, il peut être extrêmement utile de concevoir une stratégie organisationnelle à long terme qui soit à la fois réaliste à mettre en œuvre et à respecter.

Les choses sont plus faciles à trouver, les relations sont moins tendues et la productivité est accrue dans les espaces organisés. Pour une meilleure organisation, voici quelques suggestions :

• **Désencombrement :** C'est le premier pas. Parce que vous aurez une idée plus claire de ce qui peut être jeté et de ce qui doit être organisé, réduire l'encombrement facilitera l'organisation.

- **Travaillez d'abord sur la zone la plus simple :** Divisez l'énorme tâche d'organisation en morceaux gérables en commençant par la pièce ou l'espace le plus facile.

Avant de commencer, rassemblez les fournitures. Assurez-vous d'avoir tout ce dont vous pensez avoir besoin avant de commencer à vous organiser.

- **Attribuer des zones :** Trouver et ranger des objets est beaucoup plus simple en regroupant les éléments qui se ressemblent ou qui sont liés à l'activité.

Maintenir une « aire d'atterrissage ». Cela permet de réduire le temps passé à chercher des objets comme des clés, des sacs à dos et des portefeuilles en choisissant un endroit pour ranger les nécessités quotidiennes près de la porte.

B. Gestion du temps

La gestion du TDAH nécessite de maîtriser l'art de la gestion du temps. Il existe diverses méthodes pour apprendre à gérer votre temps, et vous devez déterminer laquelle est la plus efficace pour vous.

- **Utiliser un planificateur :** Il peut s'agir d'un agenda utilisant un crayon et du papier, une application ou un cahier. Il devrait vous être possible de l'emporter avec vous partout où vous allez. Mettez tous vos engagements, tels que les réunions et les rendez-vous, dans votre agenda et assurez-vous de les consulter tous les jours.

Surestimez le temps dont vous aurez besoin pour accomplir une tâche. Lorsque vous estimez le temps qu'il vous faudra pour accomplir une tâche, ajoutez au moins 10 minutes.

- **Achetez une montre :** Procurez-vous une montre-bracelet et vérifiez-la ! Vous pouvez mieux suivre le passage du temps en portant une montre et en faisant attention à l'horloge. Les distractions peuvent être réduites en vérifiant votre montre plutôt que votre téléphone.

- **Établissez une routine :** Vous serez en mesure de rester concentré sur votre tâche, à l'heure et organisé si vous établissez une routine. Lors de la création de routines, l'utilisation de listes de contrôle peut également être bénéfique.

C. Gestion des responsabilités

L'organisation de la gestion des tâches implique bien plus que votre espace physique. Les personnes atteintes de TDAH peuvent avoir des difficultés à organiser leurs horaires de travail et d'école. Vous pouvez organiser votre travail, définir des priorités et rester sur la bonne voie grâce à ces méthodes.

- **Gardez une liste :** Faites une liste de toutes les choses que vous devez faire chaque jour après avoir vérifié votre agenda. Après avoir parcouru toute la liste, classez les tâches par ordre d'importance. Lorsque vous dressez une liste de priorités, tenez compte des tâches qui peuvent être accomplies plus tard, de celles qui sont urgentes et de celles qui sont les plus importantes. Vous pouvez consulter les listes précédentes pour vous assurer de ne rien oublier si vous conservez toutes ces listes dans un seul bloc-notes ou une seule application.

• **Décomposez les grands projets :** Transformer les grands projets en projets plus petits les rend plus faciles à gérer et facilite leur démarrage.

• **Travaillez par petites étapes à la fois :** Le début ne représente que la moitié de la bataille. Pour surmonter la « bosse » du démarrage, engagez-vous à travailler sur quelque chose pendant 15 minutes si vous l'évitez. Après 15 minutes, si vous pensez avoir besoin d'une pause, réglez une minuterie sur 5 minutes et dites que vous recommencerez tout de suite.

• **Évitez le multitâche :** Votre productivité globale augmentera si vous vous concentrez sur une seule chose à la fois. Vous terminerez une tâche 100 % du temps si vous vous concentrez dessus à la fois plutôt que huit tâches 50 % du temps.

D. Gestion des finances

Les adultes atteints de TDAH peuvent avoir des difficultés à gérer leur argent en raison de la procrastination, du manque d'organisation et de l'impulsivité. Il est essentiel de rester concentré en jouant un rôle actif.

• **Créer des rappels** : Définissez des rappels dans votre calendrier pour vous rappeler quand les paiements et les factures sont dus.

• **Utilisez les services bancaires électroniques** : Vous pouvez accéder à vos comptes immédiatement, 24 heures sur 24, sept jours sur sept, éliminer l'encombrement papier et payer vos factures en un seul clic. Vous pouvez voir une répartition du moment, du lieu et de la manière dont vous dépensez de l'argent au fil du temps grâce aux outils de budgétisation des applications bancaires en ligne.

E. Conduite

Même si la distraction au volant constitue un problème grave pour tout le monde, les adultes atteints de TDAH peuvent être particulièrement vulnérables. Soyez conscient des effets des distractions et de l'inattention au volant. Il est essentiel d'éliminer toutes les distractions potentielles, notamment les téléphones portables. Dans de nombreux États, envoyer des SMS et conduire sont contraires à la loi et extrêmement dangereux, alors désactivez toutes les notifications avant de partir.

Votre capacité à gérer vos symptômes peut être améliorée en intégrant des conseils, la gestion des médicaments et l'organisation de la vie dans votre routine quotidienne. Être sincère; Cela ne changera pas du jour au lendemain, mais faire un effort chaque jour vous aidera à établir des routines et des mécanismes d'adaptation. Le TDAH chez l'adulte est un trouble qui dure toute la vie, mais il ne doit pas nécessairement ruiner votre qualité de vie.

CHAPITRE SEPT

Techniques de survie au TDAH

La majorité des gens ignorent le câblage d'un cerveau atteint de TDAH. Parents, enseignants et conjoints bien intentionnés suggèrent des méthodes d'organisation ou de concentration qu'ils trouvent efficaces, mais quand on ne constate pas les mêmes résultats, ils sont surpris, voire enragés. Ils pourraient nous crier dessus ou nous dire de réessayer, suggérant que notre échec est causé par un défaut fondamental et disant : « Vous êtes paresseux ! ou "Tu n'essayais pas." Cependant, en réalité, nous nous préparons à l'échec parce que les méthodes neurotypiques ne fonctionnent tout simplement pas pour les cerveaux atteints de TDAH.

Les habitudes formées au fil du temps sont difficiles à briser. Mais une fois que vous décidez d'arrêter d'utiliser les anciennes méthodes neurotypiques qui n'ont jamais fonctionné, vous pouvez commencer un plan de traitement qui vous convient. Voici quelques stratégies pour vous aider à y parvenir :

• **Trouvez votre pom-pom girl :** Avoir une pom-pom girl qui croit fermement en votre bonté, votre intelligence et votre amour est essentiel au succès et au bonheur. Les adultes atteints de TDAH qui réussissaient le mieux avaient des parents, des enseignants, des frères ou même des entraîneurs sportifs qui les aimaient, les soutenaient et les valorisaient lorsqu'ils étaient jeunes. La principale responsabilité d'une pom-pom girl est de faire la différence entre la valeur et les réalisations de l'enfant.

• **Comprenez votre TDAH :** Le traitement du TDAH doit commencer par une compréhension des capacités et des limites d'une personne, ainsi que par une évaluation réaliste de ces capacités. Les enfants atteints de TDAH ne devraient pas être tenus responsables de choses qu'ils ne peuvent pas faire maintenant, même s'ils le pourront à l'avenir. La responsabilité et l'obligation de rendre compte sont des attributs bénéfiques, mais seulement si elles aboutissent au succès. Chaque membre de la famille doit faire partie de l'équipe de traitement afin qu'il puisse apprendre tout ce qu'il y a à savoir sur le TDAH et comment l'aider.

• **Rendre tout juste :** Prendre le bon médicament contre le TDAH à la bonne dose peut améliorer la capacité d'un patient à se concentrer, à contrôler son impulsivité et à bouger son corps. Essayez à nouveau le conseil ou le coaching pour le TDAH avec des médicaments si vous l'avez essayé sans médicament et n'avez pas obtenu les résultats souhaités. La majorité des personnes qui prennent des médicaments pour le TDAH ont l'impression d'être en compétition sur un pied d'égalité, souvent pour la première fois de leur vie.

• **Terminez votre tâche avec ACT :** Pour les personnes atteintes de TDAH, respecter un délai ou faire quelque chose que votre patron juge important ne constitue pas une motivation suffisante. La thérapie d'acceptation et d'engagement, ou ACT, aide les personnes atteintes de TDAH à rester concentrées et motivées lorsque les récompenses ne le font pas. Les patients participent à l'ACT en se demandant : « Est-ce que je fais quelque chose qui compte pour moi ? et réfléchir aux choses qui sont les plus importantes pour eux, comme leur foi en Dieu, leur famille, battre des records ou devenir célèbre.

• **Notez vos réussites :** Emportez un stylo et un petit tampon avec vous et dressez une liste des solutions qui fonctionnent pour vous une fois que vous prenez le bon médicament à la bonne dose. Considérez ces moments où vous êtes engagé, productif et plein d'énergie, également appelés « zone ». C'était quand exactement ? Qu'est-ce qui vous a ramené dans la zone et qu'est-ce qui vous en a fait sortir ? Lorsque vous procrastinez, vous disposerez d'une vingtaine de stratégies dont vous savez qu'elles fonctionneront pour vous après un mois.

• **Suscitez l'intérêt lorsque vous en avez besoin :** Les personnes atteintes de TDAH doivent cultiver un intérêt là où il n'en existe naturellement pas pour utiliser pleinement leurs capacités. Exemple : Une doublure clinique sur le TDAH a raté une anatomie grossière. Son mentor TDAH l'a fait croire qu'il était le spécialiste du centre de traumatologie traitant le président Kennedy après qu'il ait été abattu, la légende étudiante et l'inspiration pour aller à l'école clinique. Pour sauver la vie de Kennedy, il devait connaître l'anatomie.

• **Changez le style :** Une personne atteinte de TDAH peut avoir du mal à montrer ce qu'elle sait en raison du sérieux apparent avec lequel l'étudiant a compris l'anatomie et a obtenu le deuxième diplôme de sa classe. De cette façon, il devrait rechercher de nouvelles méthodes pour démontrer ses capacités. Exemple : En cours d'anglais, un jeune atteint de TDAH a éprouvé des difficultés à composer des tâches. Les livres qu'il était censé lire l'ennuyaient. Il s'est entretenu avec son éducatrice et l'a persuadée de lui permettre de composer des satires des livres plutôt que des comptes rendus de livres. Il a terminé ses tâches rapidement et est arrivé premier dans son cours d'anglais.

• **Prendre le contrôle:** Les adultes et les enfants atteints de TDAH veulent que les autres rendent les choses intéressantes, mais nous devrions le faire nous-mêmes. Exemple : Déterminez lequel de vos cinq cours d'anglais a un instructeur brillant et engageant. Participer aux cours et solliciter les commentaires des étudiants. Choisissez le cours qui vous intéresse le plus. Si vous êtes parent, incluez un aménagement dans le programme d'enseignement individualisé (PEI) de votre enfant qui lui permet de s'inscrire avant ses camarades de classe pour garantir son acceptation dans la classe.

• **Organisez des compétitions pour empêcher les gens de s'ennuyer :** Les personnes atteintes de TDAH peuvent rapidement apprendre de nouveaux emplois et de nouvelles activités, mais elles perdent rapidement tout intérêt. La compétition et les défis peuvent être bénéfiques. De nombreuses personnes atteintes de

TDAH souhaitent essayer de battre leur record personnel ou imaginer la tâche comme un jeu vidéo avec des niveaux de plus en plus difficiles.

• **Localisez une bosse pour rester concentré** : Le doublement du corps est une méthode utilisée par les tuteurs, mais elle peut également aider les personnes atteintes de TDAH au travail. Trouver un coup de pouce pour rester concentré sur sa tâche Exemple : Un avocat atteint de TDAH était épuisé à force de respecter constamment les délais jusqu'au point de non-retour. Il a demandé à son collègue de lui apporter chaque cas individuellement après avoir débarrassé son espace de travail de toute distraction. Elle l'a vérifié après qu'ils aient parlé de ce qu'il prévoyait de faire. Elle a sorti le premier disque à une heure prédéterminée et l'a conduit à la tâche suivante.

• **Disposez les cartes en votre faveur** : À moins qu'un partenaire de confiance ne s'implique et reste impliqué, le traitement du TDAH risque d'échouer. Au moins pendant la première année, le patient ne sera pas la principale source de motivation pour le traitement ni la capacité d'en percevoir les bénéfices.

CHAPITRE HUIT

Stratégies d'auto-assistance pour les adultes atteints de TDAH

1. Soyez organisé

S'organiser et contrôler le désordre sont deux des principaux défis pour les adultes atteints de TDAH en raison de leur inattention et de leur distraction. S'organiser, que ce soit au travail ou à la maison, peut vous faire sentir dépassé si vous souffrez de TDAH chez l'adulte.

Cependant, vous pouvez apprendre à organiser les tâches de manière systématique et à les diviser en étapes plus petites. Vous pouvez garder les choses organisées et garder le désordre sous contrôle en suivant diverses routines et structures et en utilisant des outils tels que des planificateurs quotidiens et des rappels.

A. Catégoriser les éléments essentiels

Organiser une pièce, une maison ou un bureau vous oblige à catégoriser vos biens et à déterminer lesquels sont essentiels et lesquels peuvent être stockés ou jetés. Prenez l'habitude de faire des listes et de prendre des notes pour rester organisé. Avec des routines quotidiennes, vous pouvez maintenir votre nouvelle structure organisée en place.

• **Faites de l'espace :** Trouvez des bacs de rangement ou des placards pour les choses que vous n'utilisez pas au quotidien en vous demandant ce dont vous avez le plus besoin. Créez des compartiments distincts pour les billets, les clés et autres objets faciles à égarer. Ne conservez rien dont vous n'avez pas besoin.

• **Utilisez un agenda ou une application pour un calendrier :** L'utilisation d'un calendrier ou d'un agenda sur un smartphone ou un ordinateur peut vous aider à vous souvenir des rendez-vous et des délais. Vous pouvez également configurer des rappels automatiques avec des calendriers électroniques pour vous assurer de ne pas oublier les événements programmés.

•**Utilisez des listes de contrôle :** Pour suivre les tâches, les projets, les délais et les rendez-vous régulièrement planifiés, utilisez des listes et des notes. Conservez toutes vos listes et notes dans un agenda quotidien si vous décidez d'en utiliser un. Vous disposez également de nombreuses options pour l'utiliser sur votre ordinateur ou votre smartphone. Recherchez des applications ou des gestionnaires de tâches appelés « tâches ».

• **Gérez-le immédiatement :** En classant des papiers, en rangeant le désordre ou en renvoyant des appels téléphoniques immédiatement, plutôt que plus tard, vous pouvez éviter l'oubli, l'encombrement et la procrastination. Effectuez la tâche tout de suite plutôt que de la remettre à plus tard si elle peut être accomplie en moins de deux minutes.

B.Contrôle Votre trace papier du TDAH

Si vous souffrez de TDAH, vous pourriez avoir beaucoup de mal à rester organisé en raison de vos formalités administratives, qui peuvent être éparpillées partout dans votre cuisine, votre bureau ou votre bureau. Mettez en place un système de paperasse qui fonctionne pour vous l'après-midi.

• **Établir un système de fichiers :** Pour différents types de documents (comme les reçus, les déclarations de revenus et les dossiers médicaux), utilisez des intercalaires ou des dossiers séparés. Étiquetez et codez vos fichiers par couleur afin de pouvoir localiser rapidement ce dont vous avez besoin.

• **Gérez votre courrier tous les jours :** Chaque jour, prenez quelques minutes pour traiter le courrier, de préférence dès que vous l'apportez. Il est utile de disposer d'un endroit désigné où vous pouvez trier le courrier et le jeter, le classer ou agir en conséquence.

•**Éliminez autant que possible l'utilisation du papier :** Réduisez la quantité de papier que vous devez gérer. Plutôt que des articulations et des factures papier, exigez des rendus électroniques. En vous désinscrivant du service de préférence de courrier de la Direct Marketing Association (DMA), vous pouvez également réduire le courrier indésirable.

2. Contrôlez votre temps

Les patients atteints de TDAH éprouvent souvent des difficultés à gérer leur temps. Vous pourriez souvent mal évaluer le temps dont vous avez besoin pour accomplir des tâches, manquer des délais, tergiverser, sous-estimer le temps dont vous avez besoin pour les accomplir ou faire les choses dans le mauvais ordre. L'hyperconcentration, ou se concentrer excessivement sur une tâche, est un comportement courant chez les adultes atteints de TDAH. Ces défis peuvent vous faire sentir incompétent et frustré, ainsi que rendre les autres impatients, mais il existe des moyens de mieux gérer votre temps.

A. Conseils pour gérer le temps

Les adultes qui souffrent d'un trouble déficitaire de l'attention ont souvent une perspective différente sur la façon dont le temps passe.

Utilisez la plus ancienne astuce du livre pour avoir une bonne idée du temps avec tout le monde : une minuterie.

Soyez un observateur de l'horloge. Pour vous aider à connaître l'heure, utilisez une montre-bracelet ou une horloge murale ou de bureau facilement visible. Enregistrez mentalement ou verbalement le temps dont vous disposez pour accomplir une tâche avant de la commencer.

• **Utiliser des minuteries :** Utilisez une minuterie ou une alarme pour vous rappeler lorsque vous avez atteint la fin du temps imparti pour chaque tâche. Pensez à régler une alarme qui retentira régulièrement pour les tâches plus longues afin de rester productif et conscient du temps qui s'est écoulé.

•Surestimez le temps dont vous avez besoin : Les adultes atteints de TDAH sont bien connus pour leurs faibles capacités d'estimation du temps. Accordez-vous une marge de dix minutes toutes les trente minutes que vous prévoyez prendre pour accomplir une tâche ou arriver quelque part.

• Préparez-vous à l'avance et définissez des rappels : Prenez note des rendez-vous quinze minutes à l'avance. Pour éviter de chercher frénétiquement vos clés ou votre téléphone au moment de partir, configurez des rappels pour vous assurer de partir à l'heure. Assurez-vous également d'avoir tout ce dont vous avez besoin à l'avance.

B. Conseils pour définir les priorités

Les adultes atteints de TDAH ont souvent du mal à contrôler leurs impulsions et changent fréquemment de sujet, ce qui rend difficile la réalisation de tâches et de grands projets qui semblent insurmontables.

Pour contourner ce problème :

• **Choisissez la première option :** Vous devez vous demander quelle est la tâche la plus importante, puis classer vos autres tâches de la plus importante à la moins importante.

• **Effectuez chaque étape à tour de rôle :** Divisez les tâches ou les projets volumineux en étapes gérables.

•**Reste concentré:** Respectez votre emploi du temps et, si nécessaire, utilisez une minuterie pour le faire respecter afin d'éviter de vous perdre.

C. Apprenez à dire non.

Les adultes impulsifs atteints de TDAH peuvent accepter trop de projets de travail ou d'activités sociales. Cependant, un emploi du temps chargé peut vous fatiguer et vous épuiser, ce qui peut diminuer la qualité de votre travail. Refuser des opportunités vous permettra d'accomplir plus facilement vos tâches, de respecter vos rendez-vous sociaux et de mener une vie plus saine. Avant de commencer quelque chose de nouveau, vérifiez d'abord votre emploi du temps.

3. Gérez vos finances et vos factures

La gestion financière peut être difficile pour de nombreux adultes atteints de TDAH, car elle nécessite une budgétisation, une planification et une organisation. Parce qu'elles nécessitent trop de temps, de papier et d'attention aux détails, de nombreuses stratégies courantes de gestion financière ne fonctionnent généralement pas pour les adultes atteints de TDAH. Cependant, vous pouvez maîtriser vos finances et arrêter les dépenses excessives, les factures en souffrance et les pénalités pour non-respect des délais en créant un système à la fois simple et cohérent.

A. Limitez et surveillez votre budget

La première étape pour contrôler votre budget est d'évaluer honnêtement votre situation financière.

Commencez par suivre chaque petite dépense pendant un mois. Vous pourrez ainsi examiner efficacement où va votre argent. Le montant que vous dépensez en articles inutiles et en achats impulsifs pourrait vous surprendre. Une fois que vous avez cet aperçu de vos habitudes de dépenses, vous pouvez l'utiliser pour créer un budget mensuel basé sur vos besoins et vos revenus. Déterminez vos options pour respecter votre budget. Vous pouvez, par exemple, élaborer une stratégie de repas sur place si vous dépensez trop au restaurant et prévoir du temps pour faire les courses et préparer les repas.

B. Mettre en place un système simple pour gérer votre argent et payer vos factures

Mettez en place un système simple et organisé qui vous aide à suivre vos factures et à enregistrer les reçus et les documents. La possibilité d'effectuer des opérations bancaires en ligne peut être le cadeau que l'on continue d'offrir aux adultes atteints de TDAH. Lorsque l'argent est organisé en ligne, il y a moins de paperasse, pas d'écriture bâclée et pas de factures perdues.

• **Utilisez plutôt les services bancaires en ligne :** Le processus imprévisible d'équilibre de votre budget peut être éliminé en vous inscrivant aux services bancaires en ligne. Tous vos dépôts et paiements seront répertoriés dans votre compte en ligne et votre solde quotidien sera automatiquement suivi au centime près. Vous pouvez également vous connecter chaque fois que vous avez besoin de payer vos factures irrégulières et occasionnelles et mettre en place des paiements automatiques pour vos factures mensuelles régulières. Le point fort : pas d'enveloppes perdues ni de frais de retard.

• **Configurer des rappels pour le paiement des factures :** Les rappels électroniques peuvent toujours faciliter le paiement des factures si vous préférez ne pas configurer de paiements automatiques. Grâce aux services bancaires en ligne, vous pourrez peut-être programmer des rappels dans votre application de calendrier ou les envoyer par SMS ou par e-mail.

• **Utiliser la technologie moderne :** Vous pouvez utiliser des services gratuits comme Manilla et Mint pour suivre vos comptes et vos finances. Bien que la configuration des services nécessite un certain temps, une fois vos comptes liés, ils seront mis à jour automatiquement. Les factures et relevés de tous vos comptes sont consolidés à Manille. Mint propose des outils de budgétisation et d'autres outils d'analyse financière en plus de garder une trace de toutes vos transactions bancaires et par carte de crédit. Votre vie financière peut être facilitée avec l'un ou l'autre outil.

• **Arrêtez de magasiner sur l'impulsion du moment :** L'impulsivité causée par le TDAH et le shopping peuvent être très dangereux ensemble. Cela pourrait vous coûter de l'argent et vous faire vous sentir mal et embarrassé. Grâce aux quelques stratégies soigneusement étudiées ci-dessous, les achats impulsifs peuvent être évités.

• N'utilisez que de l'argent liquide pour acheter des choses ; laissez vos cartes de crédit et votre chéquier à la maison.

• Bloquez toutes les cartes de crédit sauf une. Faites une liste de ce dont vous avez besoin avant de faire vos achats et respectez-la.

• Lorsque vous magasinez, gardez un total cumulé avec une calculatrice (conseil : il y en a une sur votre téléphone.)

• Évitez les endroits où vous risquez de dépenser beaucoup d'argent, jetez les catalogues dès leur arrivée et bloquez les courriels des détaillants.

4. Maintenir sa concentration au travail

Le TDAH peut présenter des défis uniques au travail. Les tâches que vous pourriez trouver les plus difficiles ; l'organisation, l'accomplissement de tâches, le fait de rester immobile et d'écouter tranquillement sont également des tâches que vous êtes fréquemment amené à accomplir tout au long de la journée.

Il n'est pas facile de gérer le TDAH tout en exerçant un travail exigeant. Cependant, vous pouvez maximiser vos points forts tout en minimisant les effets négatifs de vos symptômes de TDAH en adaptant votre lieu de travail.

A. Soyez organisé

Organisez votre bureau, votre cabine ou votre bureau une étape à la fois pour vous organiser au travail. Utilisez ensuite les méthodes suivantes pour maintenir l'ordre et la propreté :

• **Prenez du temps chaque jour pour vos arrangements :** Nettoyez votre bureau et organisez vos papiers toutes les 5 à 10 minutes. Essayez de ranger des objets à l'intérieur de votre bureau ou dans des bacs pour voir ce qui fonctionne le mieux pour les garder hors de votre espace de travail et hors de votre chemin.

• **Utiliser des listes et des couleurs :** Pour les personnes atteintes de TDAH, le codage couleur peut être extrêmement bénéfique. Gardez une trace de tout en l'écrivant.

•**Prioriser :** Donnez la priorité aux responsabilités plus urgentes. Même si les délais vous sont imposés, fixez-les pour tout.

B. Débarrassez-vous des distractions

Faites savoir à vos collègues que vous devez vous concentrer et essayez les méthodes suivantes pour éviter de vous laisser distraire :

• **L'endroit où vous travaillez est important :** Vous pourrez peut-être travailler dans un bureau ou une salle de conférence vide si vous n'avez pas le vôtre. Si vous êtes dans une conférence ou une salle de cours, essayez de vous asseoir à côté de l'orateur et à l'écart des personnes qui parlent pendant la réunion.

• **Réduire les perturbations externes :** Maintenez un espace de travail bien rangé en orientant votre bureau vers un mur. Vous pouvez même ériger un panneau « Ne pas déranger » pour dissuader les interruptions. Si vous le pouvez, configurez votre messagerie vocale pour prendre vos appels et les renvoyer plus tard. Pensez à des écouteurs antibruit ou à une machine à son si vous êtes facilement distrait par le bruit.

• **Gardez les grands concepts pour plus tard :** Toutes ces idées merveilleuses qui vous viennent à l'esprit ? Mettez-les sur papier pour pouvoir les consulter plus tard.

C. Prolongez votre capacité d'attention

En tant qu'adulte atteint de TDAH, vous êtes capable de vous concentrer ; cependant, vous aurez peut-être du mal à maintenir cette concentration, surtout si l'activité n'est pas très engageante. Les adultes atteints de TDAH peuvent trouver les réunions et les cours ennuyeux particulièrement difficiles. De même, les personnes atteintes de TDAH peuvent avoir du mal à suivre plusieurs directions.

Améliorez votre concentration et votre capacité à suivre les instructions en appliquant ces suggestions :

• **Mettez-le sur papier :** Demandez une copie préalable des documents pertinents, tels que l'ordre du jour d'une réunion ou un plan de la conférence, si vous assistez à un atelier, une réunion, une conférence ou un autre événement qui nécessite une attention particulière. Utilisez les notes écrites pour diriger votre écoute active et votre prise de notes pendant la réunion. Écrire pendant que vous écoutez vous aidera à vous concentrer sur ce que dit l'orateur.

• **Répétez les instructions et les recommandations :** Si quelqu'un vous donne des instructions verbalement, répétez-les à haute voix pour vous assurer que vous avez bien compris.

• **Promenez-vous :** Déplacez-vous aux bons moments et aux bons endroits pour éviter l'agitation et l'agitation. Se promener ou même sauter pendant une pause d'une réunion, par exemple, peut vous aider à être attentif plus tard, à condition de ne déranger ou de déranger personne d'autre.

5. Améliorez votre humeur et gérez le stress

En raison de votre impulsivité et de votre manque d'organisation, qui sont souvent associés au TDAH, vous pourriez avoir du mal à dormir normalement, à consommer des aliments malsains ou à faire suffisamment d'exercice, ce qui peut vous rendre stressé et incontrôlable.

Prendre en charge vos habitudes de vie et développer de nouvelles routines saines est la stratégie la plus efficace pour briser ce cycle.

Vous pouvez garder votre sang-froid, éviter les sautes d'humeur et, dans de nombreux cas, combattre les symptômes d'anxiété et de dépression en mangeant bien, en dormant suffisamment et en faisant régulièrement de l'exercice.

Des habitudes régulières peuvent rendre votre vie plus gérable, et des habitudes plus saines peuvent également réduire les symptômes du TDAH tels que l'inattention, l'hyperactivité et la distraction. Les activités régulières comprennent :

A. Activité physique

c'est probablement le traitement le plus bénéfique et le plus efficace contre l'hyperactivité et l'inattention liées au TDAH.

L'exercice peut vous aider à vous débarrasser de l'excès d'énergie et de l'agressivité qui peuvent nuire aux relations et au sentiment de stabilité. Cela peut également améliorer votre humeur, calmer votre esprit et soulager le stress.

• **Entraînement quotidien :** Vous pouvez vous en tenir à quelque chose d'amusant et de vigoureux, comme un sport d'équipe ou vous entraîner avec un ami. Faites de l'exercice à l'extérieur pour soulager le stress, car les personnes atteintes de TDAH bénéficient souvent du soleil et de la verdure.

Essayez de faire des activités qui vous aident à vous détendre, comme le yoga, la méditation ou le tai-chi. Cela peut vous apprendre à mieux contrôler votre attention et vos impulsions, ainsi qu'à soulager le stress.

B. Dormez davantage

Le manque de sommeil peut aggraver les symptômes du TDAH chez l'adulte, rendant plus difficile la gestion du stress et la concentration tout au long de la journée. Faire de petits ajustements à votre routine quotidienne peut vous aider à passer une bonne nuit de sommeil.

• Résistez à la consommation de caféine le soir.

• Faites de l'exercice régulièrement et vigoureusement, mais pas avant le coucher.

• Établissez une routine pour « l'heure du coucher » qui est à la fois prévisible et calme, comme prendre une douche ou un bain chaud juste avant de vous coucher.

• Maintenez un horaire veille-sommeil régulier, même le week-end.

C. Bien manger

Manger peut réduire considérablement les niveaux de stress, l'hyperactivité et la distraction. Mangez plusieurs petits repas tout au long de la journée, évitez autant que possible le sucre, consommez moins de glucides et consommez plus de protéines.

CHAPITRE NEUF

CONCLUSION

Le TDAH peut affecter les performances académiques ou professionnelles ainsi que les relations personnelles s'il n'est pas traité et non diagnostiqué.

Être un adulte atteint de TDAH n'est pas facile. Cependant, si vous recevez le bon traitement et apportez quelques changements à votre mode de vie, vous pouvez atténuer considérablement vos symptômes et mieux vivre votre vie.

Les stratégies destinées aux adultes atteints de TDAH peuvent aider les personnes à faire face aux problèmes que l'impulsivité, l'hyperactivité et l'inattention peuvent causer.

Définir des rappels de calendrier peut éviter les oublis, organiser les espaces peut éviter la perte d'objets essentiels et supprimer les distractions pendant la conduite peut promouvoir la sécurité.

Les symptômes d'une personne, ses antécédents médicaux et, dans certains cas, les résultats de tests psychologiques sont utilisés par les médecins pour poser un diagnostic de TDAH. Les personnes qui reçoivent un diagnostic peuvent trouver plus facile de gérer leurs symptômes avec des médicaments ou d'autres formes de traitement.